DETEKTIV IM ALTEN ROM

DETEKTIV IM ALTEN ROM

TEXT VON PHILIP ARDAGH

ILLUSTRATIONEN VON COLIN KING

arsEdition

Copyright © 2000 by Macmillan Children's Books
Titel der Originalausgabe: History Detectives – The Romans
Die Originalausgabe ist bei Macmillan Publishers Ltd, London, erschienen

Text © 2000 Macmillan Children's Books
Illustrationen © 2000 Colin King
Illustration der Bordüren: Sally Taylor

Copyright © 2001 für die deutsche Ausgabe: arsEdition, München

Aus dem Englischen von: Cornelia Panzacchi
Redaktion: Magda-Lia Bloos
Textlektorat: Elke Hesse
Satz: Media and more GmbH, München
Printed in Malaysia

ISBN: 3-7607-4718-3

Die Deutsche Bibliothek - CIP-Einheitsaufnahme

Detektiv im alten Rom / Philip Ardagh. Mit Bildern von Colin King.
Aus dem Engl. von Cornelia Panzacchi. - München : Ars-Ed., 2001
Einheitssacht.: History detectives: The Romans <dt.>
ISBN 3-7607-4718-3

Bildquellen:
o = oben; u = unten

Deckblatt: Museo Pio-Clementino, Vatikan, Rom/Scala; Titelseite: Museo Nazionale, Neapel/Scala, Lesley and Roy Atkins,
Picture Library, Kapitolinische Museen, Rom/Photo Ressources/Mike Dixon; Museum of London; Ancient Art & Architecture Collection;
6: Vatikan, Rom/Scala; 8: Roy Rainford/Robert Harding Picture Library; 9o: C. Gascoigne/Robert Harding Picture Library;
9u: Ancient Art & Architecture Collection; 10o: Museo Pio Clementino, Vatikan, Rom/Scala; 10u: Vatikan, Rom/Scala; 11u: Museum of
London; 11u: British Museum/Michael Holford; 13o: Kapitolinische Museen, Rom/Scala; 13u: Ancient Art & Architecture Collection;
15o: Photo Ressources; 15u: British Museum/Michael Holford; 17o: Haus der Vettier, Pompeji/Scala; 17u: Photo Ressources;
19o: Römische Villa, Piazza Armerine/Scala; 19u: National Trust Photographic Library/Ian Sahw; 21o: Robert Harding Picture Library;
21u: Museo Archeologico, Foligno/Scala; 23o: Kapitolinische Museen, Rom/Scala; 23u: Photo Ressources; 25o: Photo Ressources;
25u: Uffizi, Florenz/Scala; 27: Lesley and Roy Atkins Picture Library; 29o: Museum of London; 29u: Ancient Art & Architecture Collection;
31o: Museum of London; 31u: Ancient Art & Architecture Collection; 33o: Museum of London; 33u: British Museum/Photo Ressources;
35o: Kapitolinische Museen, Rom/Photo Ressources; 35u: Museo Nazionale, Neapel/Scala; 37o&u: Ancient Art & Architecture Collection;
38o: Photo Ressources; 38u: Ancient Art & Architecture Collection; 39o: Ancient Art & Architecture Collection; 39u: Photo Ressources;
40o: Museo Nazionale, Rom/Photo Ressources; 40u: Ancient Art & Architecture Collection; 41o: G. Gascoigne/Robert Harding
Picture Library; 41u: Adam Woolfitt/Robert Harding Picture Library.

INHALT

DIE RÖMER

Die Römer leiteten ihren Namen von dem ihrer Stadt Rom ab, gehörten aber ursprünglich zum Stamm der Latiner. Rom liegt im heutigen Italien (auf S. 13 erfährst du, wie die Stadt zu ihrem Namen kam).

Das ungefähr im 8. Jh. v. Chr. gegründete Rom wurde 200 Jahre später eine Republik, die von gewählten Volksvertretern regiert wurde anstatt von Königen oder Kaisern. Diese Volksvertreter wurden Senatoren genannt und bildeten ein Parlament: den Senat.

KRIEG

Zu Anfang war Rom noch nicht die Weltmacht, die es später werden sollte. Die Römer mussten um ihr Überleben kämpfen. Sie hatten zahlreiche Feinde, u. a. die Gallier (aus Gallien, dem heutigen Frankreich).

Auch der Karthager Hannibal war ein erbitterter Feind Roms. Im Zweiten Punischen Krieg führte er 218 v. Chr. 35 000 Männer und 37 Elefanten über die verschneiten Alpen, um die römischen Legionen anzugreifen. 10 000 Männer und 36 Elefanten starben unterwegs.

Obwohl er mehrfach über die Römer siegte, konnte Hannibal die Stadt Rom nicht erobern. Später dehnten die Römer ihren Machtbereich immer weiter über Europa aus.

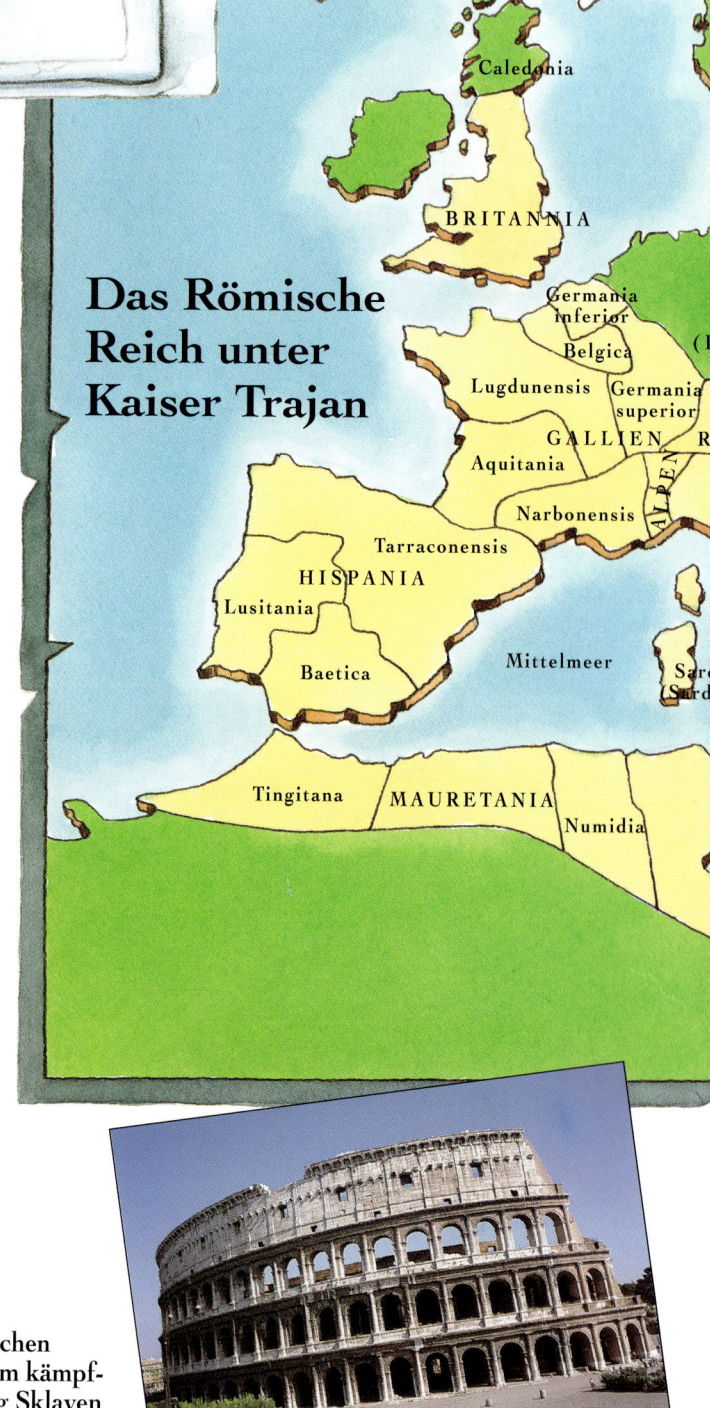

Das Römische Reich unter Kaiser Trajan

Caledonia
BRITANNIA
Germania inferior
Belgica
Lugdunensis
Germania superior
GALLIEN
Aquitania
Narbonensis
Tarraconensis
HISPANIA
Lusitania
Baetica
Mittelmeer
Sard
Sardi
Tingitana
MAURETANIA
Numidia

Im römischen Kolosseum kämpften häufig Sklaven als Gladiatoren.

Antike Reliefs stellen das Alltagsleben der Römer dar.

GEBURT EINES WELTREICHS

Nach dem Tode Julius Cäsars, dem Vorsitzenden des Senats, im Jahre 44 v. Chr. stritten die Römer sich, wer über Rom herrschen sollte. (Näheres findest du auf den Seiten 10/11.) Im Jahre 27 v. Chr. wurde Cäsars Adoptivsohn Oktavian der erste römische Kaiser und nahm den Namen Augustus an. Er besaß uneingeschränkte Macht und war nicht von Wählerstimmen abhängig. Damit war Rom keine Republik mehr, sondern ein immer größer werdendes Reich. Unter Kaiser Trajan, der von 98 bis 117 n. Chr. herrschte, erlebte es seine größte Ausdehnung.

REICH UND ARM

Im Römischen Reich war das Leben für manche Menschen sehr angenehm, aber nicht für alle. Römische Bürger konnten Vermögen ansammeln; andere führten ein hartes Leben in Armut oder Sklaverei.

Während sich die Reichen mehrgängige Bankette leisten konnten, mussten andere froh sein, wenigstens Brot zu haben. Häufig brachen Unruhen aus, wenn die Getreideschiffe aus Ägypten nicht rechtzeitig ankamen.

Es war nicht einfach, die zahlreichen besiegten Gebiete unter Kontrolle zu halten. Mit der Zeit büßte Rom seine Macht ein. Im 5. Jh. n. Chr. erlebte das Römische Reich seinen endgültigen Niedergang.

Viele Gebäude des alten Rom sind bis heute erhalten geblieben.

MANIA (GERMANIEN)

annonien
Dacia
Illyricum
Moesia
Schwarzes Meer
Bithynia Pontus
Armenia
Thracia
Macedonia
Assyria
Galatia
Cappadocia
Asia
Mesopotamia
Epirus
Pamphylia
Babylonia
Graecia (Griechenland)
Athala
Lycia
Syria (Syrien)
Creta
Judaea
Arabia
Cyrenae
Aegyptus (Ägypten)

ANTIKER ALLTAG

Diese erstaunlich lebensnah wirkende Büste stellt Julius Cäsar dar. Nach ihm trugen römische Kaiser den Namen »Cäsar« als Titel. Von Cäsar sind auch der deutsche Herrschertitel »Kaiser« und der russische »Zar« abgeleitet.

Als aus Oktavian Kaiser Augustus wurde, wurden allein in der Stadt Rom mehr als 80 Statuen von ihm aufgestellt. Dies ist die berühmteste von allen. Sie wird nach ihrem Fundort »Prima Porta« genannt.

BERÜHMTE NAMEN

Julius Cäsar (um 100–44 v. Chr.) ist vermutlich der berühmteste aller Römer. Er wurde zum Diktator auf Lebenszeit ernannt. Bei den einfachen Leuten war er sehr beliebt, weil er seine Macht dafür einsetzte, ihre Lebensbedingungen zu verbessern. Die Senatoren begannen ihn zu hassen, als er aufhörte, sich vor Entscheidungen mit ihnen zu beraten. Schließlich verschworen sich sein Freund Brutus und ein weiterer Senator namens Cassius mit einer Gruppe von Leuten und ermordeten Cäsar. Sie hofften, ein anderer würde in den Senat gewählt werden, um Cäsars Platz einzunehmen. Das aber trat nicht ein und so bedeutete der Tod Cäsars auch den Tod der Republik.

DER ERSTE KAISER

Nach Cäsars Tod versuchten viele Generäle des Heers zu seinem Nachfolger zu werden. Jahre des Bürgerkriegs waren die Folge. Schließlich übergab der Senat die Macht an Cäsars Adoptivsohn Oktavian. Als er 27 v. Chr. zum ersten Kaiser Roms gekrönt wurde, erhielt er den Namen Augustus.

Zunächst war Oktavian mit Marcus Antonius befreundet gewesen. Antonius aber verbündete sich mit der ägyptischen Herrscherin Kleopatra gegen ihn. Oktavian besiegte die beiden und Ägypten wurde 30 v. Chr. römische Provinz.

CALIGULA

Ebenso wie Oktavian war auch Kaiser Gaius (12–41 n. Chr.) unter einem anderen Namen besser bekannt. Als Kind hatte er Soldatenstiefel getragen – und so ging er als »Soldatenstiefelchen« in die

Geschichte ein. *Caliga* heißt auf Deutsch »Soldaten-stiefel«. Caligula war von 37–41 n. Chr. Kaiser von Rom. Leider war er sehr grausam und vermutlich sogar verrückt. Er versuchte, sein Lieblingspferd zum Konsul ernennen zu lassen; dieses Amt war eines der höchsten in der Regierung Roms. Auch er wurde ermordet – durch die Prätorianer, eine Palastgarde, die ihn eigentlich schützen sollte.

ROM BRENNT

Nach Caligula war Claudius Kaiser und nach diesem Claudius' Stiefsohn Nero (37–68 n. Chr.). Nero wird nachgesagt, dass er sang, während Rom brannte. Angeblich soll er sich dabei auf einer Leier begleitet haben. Es wurde behauptet, er hätte Rom selbst angezündet, um eine neue Stadt bauen zu können. Er aber gab natürlich anderen die Schuld: den Christen. Tatsächlich wurde ein größeres und schöneres Rom erbaut und Nero, der seine eigene Mutter umgebracht hatte, beging später Selbst-mord.

STAATSRELIGION

Seit es Christen gab, wurden sie von den Römern verfolgt, ebenso wie die Juden und andere Grup-pen, die nicht die römischen Götter verehrten. Dies änderte sich, als Konstantin (um 274–337 n. Chr.) im Jahre 324 n. Chr. Kaiser wurde. Er verlegte die Hauptstadt des Reichs von Rom nach Byzanz und benannte die Stadt in Konstantinopel um (das heutige Istanbul). Er war selbst Christ und förder-te die Verbreitung des Christentums. Ende des 4. Jh. n. Chr. war es Staatsreligion geworden.

ANTIKER ALLTAG

Die Soldatenstiefel, die Caligula als Junge getra-gen hatte, waren ziemlich derb. Diese eleganteren römischen Schuhe wurden in London gefunden.

Cäsar fiel als Erster mit einer kleinen Armee 55 v. Chr. in Britannien ein, aber erst Claudius – der nach Caligula Kaiser war – befehligte die völlige Eroberung von *Britannia* im Jahre 43 n. Chr.

Auf dieser Bronzemünze, *sestertius* genannt, ist der Kopf des macht-hungrigen Kaisers Nero abgebildet. Nero liebte Gladia-torenkämpfe und Wagenrennen so sehr, dass er, um sie zu finan-zieren, die Steuern erhöhte.

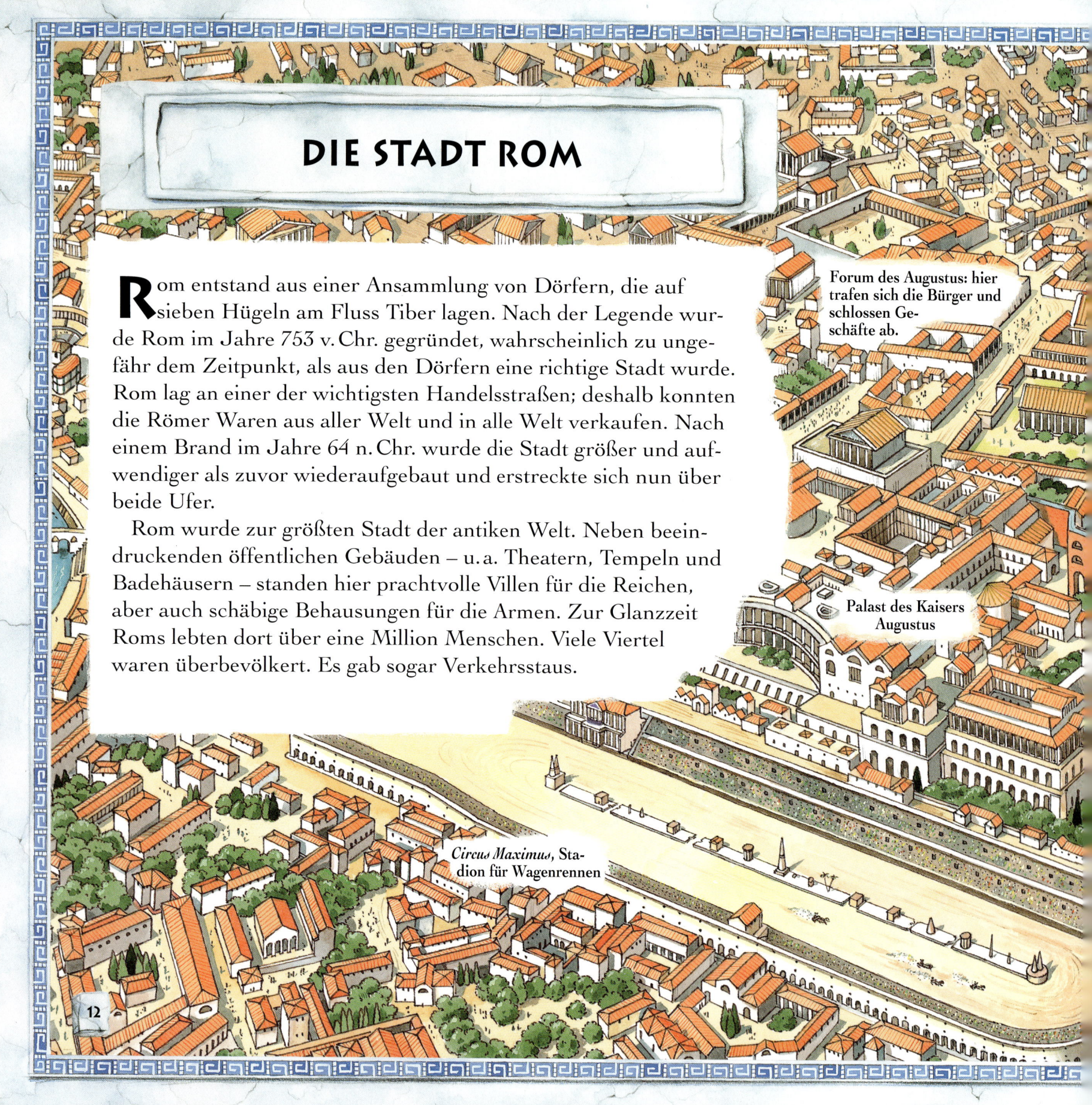

DIE STADT ROM

Rom entstand aus einer Ansammlung von Dörfern, die auf sieben Hügeln am Fluss Tiber lagen. Nach der Legende wurde Rom im Jahre 753 v. Chr. gegründet, wahrscheinlich zu ungefähr dem Zeitpunkt, als aus den Dörfern eine richtige Stadt wurde. Rom lag an einer der wichtigsten Handelsstraßen; deshalb konnten die Römer Waren aus aller Welt und in alle Welt verkaufen. Nach einem Brand im Jahre 64 n. Chr. wurde die Stadt größer und aufwendiger als zuvor wiederaufgebaut und erstreckte sich nun über beide Ufer.

Rom wurde zur größten Stadt der antiken Welt. Neben beeindruckenden öffentlichen Gebäuden – u. a. Theatern, Tempeln und Badehäusern – standen hier prachtvolle Villen für die Reichen, aber auch schäbige Behausungen für die Armen. Zur Glanzzeit Roms lebten dort über eine Million Menschen. Viele Viertel waren überbevölkert. Es gab sogar Verkehrsstaus.

Forum des Augustus: hier trafen sich die Bürger und schlossen Geschäfte ab.

Palast des Kaisers Augustus

Circus Maximus, Stadion für Wagenrennen

12

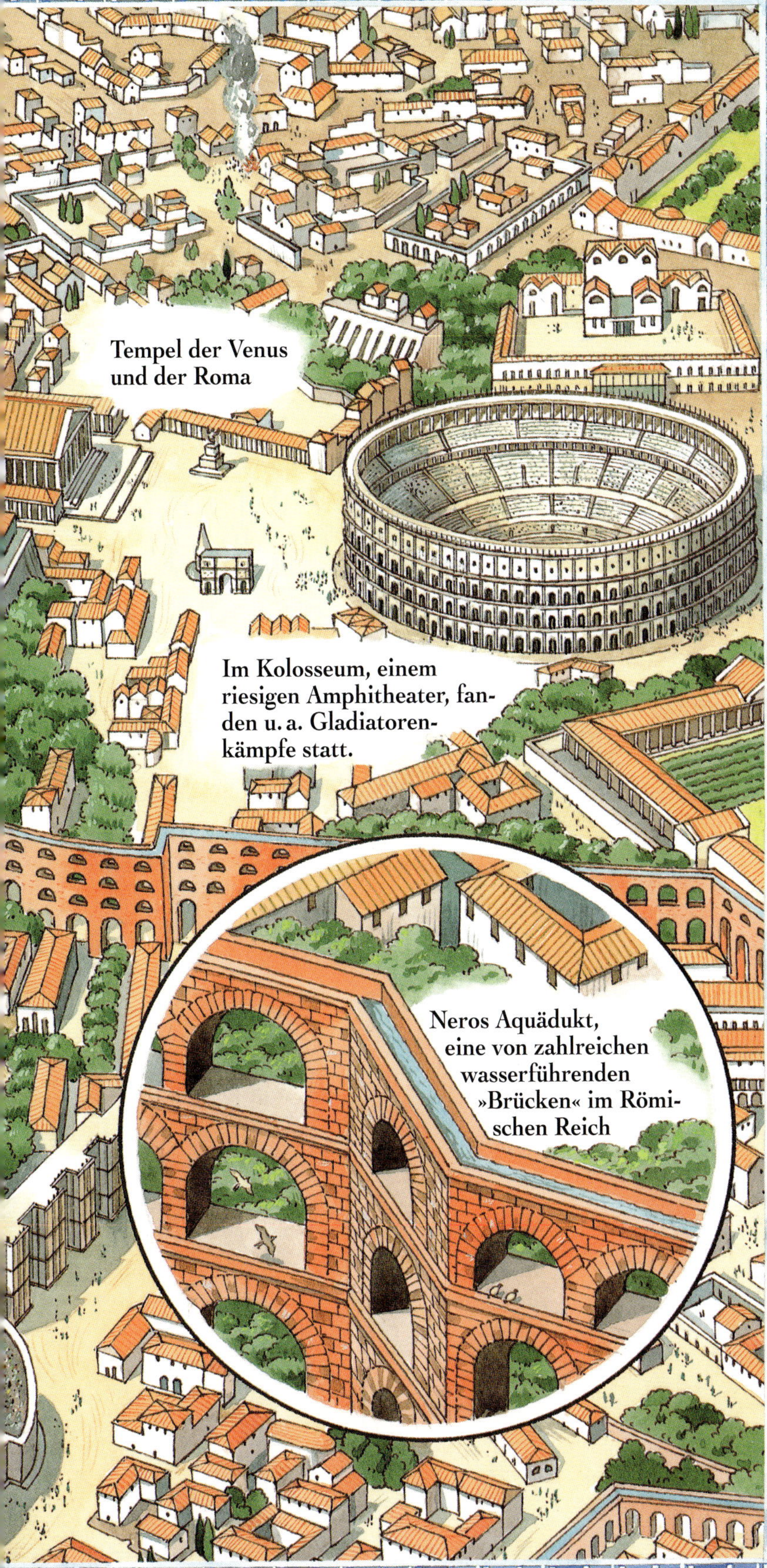
Tempel der Venus und der Roma
Im Kolosseum, einem riesigen Amphitheater, fanden u. a. Gladiatorenkämpfe statt.
Neros Aquädukt, eine von zahlreichen wasserführenden »Brücken« im Römischen Reich

ANTIKER ALLTAG

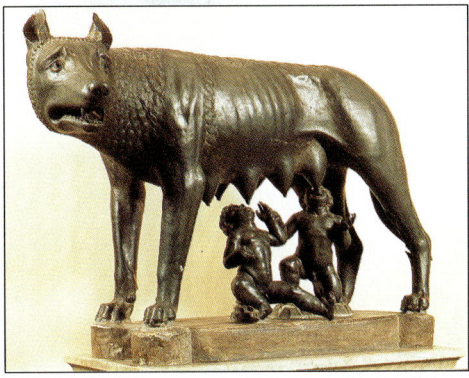

Die Legende erzählt, dass die ausgesetzten Zwillinge Romulus und Remus – wie bei dieser Skulptur dargestellt – von einer Wölfin aufgezogen wurden. Beide beschlossen eine Stadt zu gründen. Nach einem Streit tötete Romulus seinen Bruder, wurde Herrscher über die Stadt und benannte sie nach sich »Rom«.

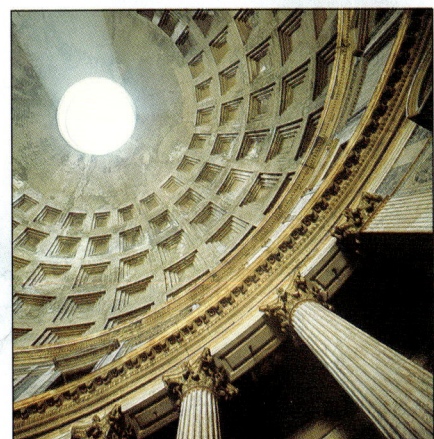

Das ist das Pantheon in Rom, das 25 v. Chr. errichtet wurde. Die Römer bauten derartige hohe Kuppeln aus leichtem Gusszement.

BÜRGER UND SKLAVEN

Römische Städte hatten mindestens ein *forum* – einen öffentlichen Platz, der auch als Markt diente.

Die gesellschaftliche Stellung spielte eine grundlegende Rolle. Für einen Bürger konnte das Leben angenehm sein, für einen Sklaven schrecklich. Bürger wurden als *cives* bezeichnet, Nicht-Bürger als *peregrini*, als »Fremde«, obwohl auch sie manchmal Bürger werden konnten.

Nur Männer waren Bürger, und sie wurden in drei verschiedene Klassen unterteilt: Patrizier, *equites* und Plebejer. Sie zahlten keine Steuern und besaßen gewisse Vorrechte; z. B. durften sie wählen und dem Heer beitreten. Plebejer – häufig Bauern oder Händler– waren in der Mehrzahl. Die *equites* waren Kaufleute. Am geachtetsten und reichsten waren die Patrizier.

Nicht-Bürger waren entweder Sklaven oder Provinzialen aus den Provinzen des Reichs, die nicht alle Bürgerrechte besaßen, obwohl sie Steuern zahlten. Überhaupt keine Rechte hatten Sklaven. Sie gehörten entweder dem Staat oder einzelnen Bürgern.

Reiche Patrizier konnten Schutzpatrone anderer Bürger sein.

Als Gegenleistung für Geld und Hilfe gaben die *clientes* ihren *patroni* politische Unterstützung.

Nur Patrizier konnten Senatoren werden.

Senatoren trugen Togen mit Purpurstreifen.

equites

Plebejer

14

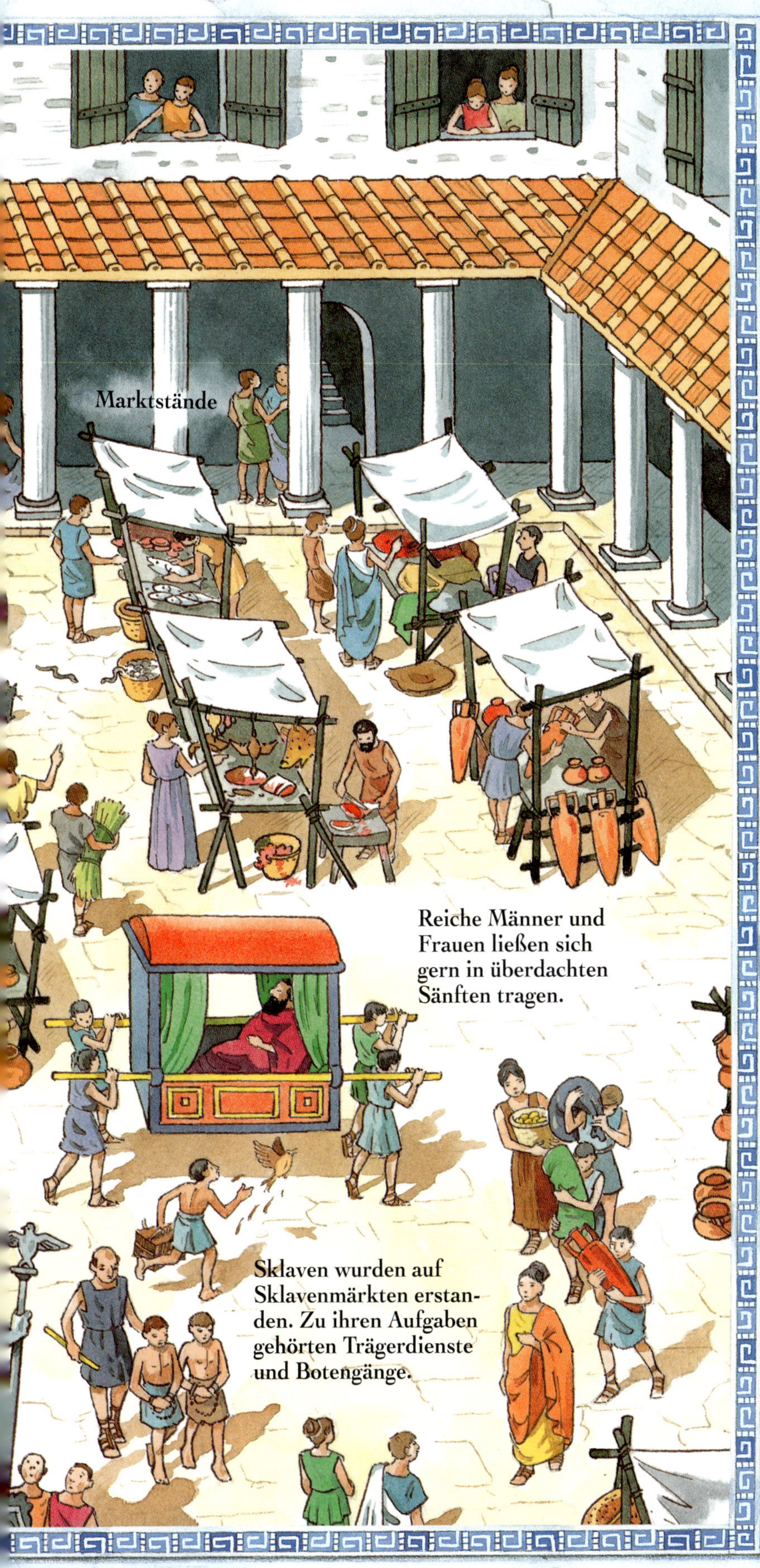

Marktstände

Reiche Männer und Frauen ließen sich gern in überdachten Sänften tragen.

Sklaven wurden auf Sklavenmärkten erstanden. Zu ihren Aufgaben gehörten Trägerdienste und Botengänge.

ANTIKER ALLTAG

Solange die Römische Republik bestand, wurde Rom vom Senat regiert. Die Senatoren wurden von den Bürgern gewählt; um 82 v. Chr. gab es 600 Senatoren. Man nimmt an, dass diese Bronzestatue aus dem 4. Jh. v. Chr. Lucius Junius Brutus darstellt, einen der Gründer der Republik.

Dieser Anhänger hing am Hals eines römischen Sklaven. Er gibt seinen oder ihren Namen nicht an, dafür aber die Anweisung: »Halte mich fest, damit ich nicht fliehe und gib mich meinem Herrn Viventius auf dem Gut des Callistus zurück.«

TENEMENE
FVGIA ET REVO
CAMEADDOMNVM
EVVIVENTIVM IN
ARACALLISTI

HÄUSER UND WOHNUNGEN

Durch nachträgliche Anbauten sollten die Mieteinnahmen vermehrt werden.

Im Römischen Reich wohnten die meisten Städter nicht in eigenen, sondern in gemieteten Wohnungen. Diese befanden sich gewöhnlich in *insulae* genannten Mietshäusern, die meist vier Stockwerke besaßen.

Im Erdgeschoss einer *insula* befanden sich Läden oder Schenken. Die besten Wohnungen waren darüber, im ersten Stock. Sie verfügten über große Räume. Im zweiten Stock waren die Wohnungen kleiner. Die ärmsten Familien lebten unter dem Dach in winzigen einräumigen Wohnungen, die oft nur Holzwände hatten und in schlechtem Zustand waren.

Reiche römische Bürger dagegen besaßen ein Stadthaus, *domus* genannt, sowie ein Landhaus, die *villa*.

Öffentliche Toiletten

Ein *domus* (Stadthaus reicher Leute)

Wohnräume der Familie

Ein typisches römisches Landhaus

Badehaus

Oft wurden im Garten Trauben für den eigenen Wein gezogen.

16

Eine *insula* (Mietshaus)

Wegen der Brandgefahr wurde in den Wohnungen nicht gekocht.

Die Wohnungen hatten keine Badezimmer, denn es gab zahlreiche öffentliche Badehäuser.

Wandmalereien

Lampe

Die Muster und Bilder der Fußbodenmosaike waren aus winzigen bunten Steinquadraten zusammengesetzt.

Küche

Umfriedeter Garten

Familienschrein

ANTIKER ALLTAG

In Garten jedes Stadt- oder Landhauses gab es einen Familienschrein, *lararium* genannt, an dem die Götter des Haushalts verehrt wurden. Anlässlich von Verlobungsfeiern brachte die zukünftige Braut den Hausgöttern ihr Spielzeug als Opfer dar, zum Zeichen, dass ihre Kindheit beendet war.

Wohlhabende römische Familien besaßen Villen inmitten ausgedehnter Landgüter. Hier konnten sie jagen, ausreiten und exotische Haustiere halten sowie Gäste einladen. Außerdem dienten die Landgüter auch der Versorgung des Haushalts mit landwirtschaftlichen Produkten. Dieses Mosaik stellt ein Landgut in Nordafrika dar.

17

THERMEN

In Badehäusern oder Thermen konnten die Römer den ganzen Tag verbringen, sich entspannen, sich mit Bekannten und Geschäftspartnern unterhalten und sogar essen. Sie konnten sich massieren lassen, miteinander ringen, in die Sauna gehen oder schwimmen. In manchen Badehäusern gab es sogar Bibliotheken. Der Eintritt war nicht frei, aber die Preise waren sehr niedrig.

Die ersten Badehäuser waren klein und privat und nur zum Waschen gedacht. Mit der Zeit wurden sie immer größer und komfortabler. Das erste öffentliche Bad wurde 20 n. Chr. eröffnet. Um 284 n. Chr. gab es mehr als tausend öffentliche und private Badehäuser.

Die Bäder waren von Sonnenaufgang bis Sonnenuntergang geöffnet.

Im *frigidarium* gab es ein Schwimmbecken mit kaltem Wasser.

Ringer

Händler verkauften Imbisse.

Gärten

18

Der heißeste Raum im Bad war das *laconicum*, das Schwitzbad. Es war so heiß wie eine Sauna.

Das *caldarium* und sein Schwimmbecken wurden immer geheizt.

Das kleine Warmwasserbecken im *tepidarium*

Bibliothek

Zum Reinigen rieb man sich mit Öl ein und schabte es mit einem *strigilis* wieder ab.

Alle Räume in den Badehäusern waren mit Statuen, Gold und Marmor verziert.

Die Kleider legte man im Umkleideraum ab.

ANTIKER ALLTAG

Sowohl Männer wie Frauen gingen in die Thermen – aber zu unterschiedlichen Zeiten. Dieses Mosaik aus Sizilien zeigt, dass weder Fitness noch Bikinis moderne Erfindungen sind.

Diese Steinstapel dienten als Stützen eines beheizbaren Fußbodens. Dieses Beheizungssystem wurde *hypocaustum* genannt. Die von einem Ofen gewärmte Luft strömte durch ein System von Hohlräumen unter den Fußböden und zwischen den Wänden von Bädern oder Wohnhäusern. Solche Heizungen fanden sich auch in römischen Villen außerhalb Italiens.

WAGEN UND GLADIATOREN

Die bei den Zuschauern beliebtesten »Sportarten« waren Wagen-rennen und Gladiatorenkämpfe. Tausende kamen zu diesen Veranstaltungen. Sie konnten sehr blutig verlaufen und gehörten zu den *ludi*, den Spielen.

Besonders Wagenrennen waren eine Attraktion. Sie fanden auf besonderen Rennplätzen statt, *circus* oder *hippodromos* genannt; der berühmteste war der *Circus Maximus* in Rom. Die Rennen waren schnell und gefährlich und viele Wagenlenker stürzten dabei und wurden von den Pferden zu Tode getrampelt.

Die Schauplätze von Gladiatorenkämpfen waren Amphitheater; die größten davon konnten bis zu 50 000 Zuschauer fassen. Die Kämpfe endeten meist mit dem Tod des oder der Unterlegenen. Die Gladiatoren waren häufig Sklaven oder Gefangene, die gezwungen wurden, gegeneinander oder gegen wilde Tiere zu kämpfen.

Es gab verschiedene Typen von Gladiatoren, die sich in Kleidung und Bewaffnung unterschieden.

Ein Dreizack sah aus wie ein Speer mit drei Spitzen – oder eine riesige Gabel.

Der *retarius* hatte den Dreizack und ein Netz mit Gewichten an den Säumen.

Das Schild des Thrakiers war klein und rund. Er trug keinerlei Rüstung.

Der Kaiser entschied über das Schicksal des Besiegten.

Man glaubt, dass der erhobene Daumen »Leben« bedeutete, der gesenkte Daumen »Tod«.

Manchmal mussten die Gladiatoren auch gegen wilde Tiere kämpfen.

Der *murmillo* musste dem Gegner sehr nahe kommen, denn sein Schwert war kurz.

Er war durch Helm und Schild gut geschützt und trug auch Arm- und Beinschienen.

DerSamnit war ähnlich ausgerüstet wie der *murmillo*, aber sein Helm war anders geformt.

ANTIKER ALLTAG

Dies ist die Ruine des Kolosseums, des berühmtesten Amphitheaters von Rom. Da der Fußboden völlig zerstört wurde, kann man die Zellen unter der Arena sehen, in die Gladiatoren, Gefangene und wilde Tiere vor den Spielen eingesperrt wurden.

Dieses Relief zeigt ein Wagenrennen im *Circus Maximus*. Die Wagen waren für hohe Geschwindigkeiten gebaut und wurden von zwei oder vier Pferden gezogen. Wagenrennen waren ein gefährlicher Sport und bei den häufigen Unfällen wurden die Wagenlenker schwer verletzt oder getötet.

DAS THEATER

Die Römer liebten Theaterstücke, besonders wenn sie lustig waren. Sie sahen aber nicht ruhig dabei zu, sondern drückten ihr Vergnügen oder Missfallen durch Rufe, Klatschen, Pfiffe oder Zischen aus. Manchmal stritten sie sich auch untereinander.

Zum ersten Mal wurde in Rom 240 v. Chr. Theater gespielt. Aufgeführt wurde ein griechisches Stück, das von einem Griechen ins Lateinische übersetzt worden war. Er hieß Livius Andronicus und war ein ehemaliger Sklave.

Bald wurden zahlreiche Theater aus Holz erbaut, in denen die Zuschauer jedoch stehen mussten. Das erste Theater aus Stein wurde 55 v. Chr. errichtet und bot Platz für 27 000 Menschen. Von da an entstanden überall im Römischen Reich Amphitheater.

Mast für das Sonnensegel

Bei heißem Wetter schützten Sonnensegel die Zuschauer wie eine Markise.

Römische Theater waren halbkreisförmig angelegt.

Die Theater hatten viele Ein- und Ausgänge.

22

Auch Frauenrollen
wurden von Männern
gespielt.

Die Kulissen
waren gemalt.

Viele trugen
Masken.

Senatoren hatten
die besten Sitze.

Man saß auf den
Steinstufen.

Je weiter die Plätze
von der Bühne entfernt
waren, desto billiger
waren sie.

ANTIKER ALLTAG

Auf diesem Mosaik aus der Villa von Kaiser
Hadrian in Tivoli sind zwei Schauspielermas-
ken zu sehen. Dank der Masken erkannte das
Publikum bekannte Charaktere auch aus der
Entfernung wieder. Einige von ihnen, wie der
grinsende Narr, kamen in vielen Stücken vor.

Dieses römische Theater wurde im damaligen
Gallien (heutiges Südfrankreich) erbaut. Es
entstand gegen Ende der Regierungszeit des
Augustus und seine gewaltige Statue blickt
immer noch aus ihrer Nische auf die Bühne
herab. Auch heute wird hier Theater gespielt.

HANDEL UND GESCHÄFTE

Die Römer kauften nicht nur an Marktständen ein. Es gab ganze Straßenzüge mit Geschäften, Schenken und Imbisslokalen. Die Geschäfte waren zur Straße hin offen und der Verkäufer war durch einen Tresen von den Kunden getrennt. In einer durchschnittlichen Geschäftsstraße gab es so ziemlich alle Arten von Läden, vom Metzger und Bäcker bis hin zu Möbel- und Juweliergeschäften.

Viele Waren wurden mit Pferdewagen und Handkarren angeliefert, was in Rom wahre Verkehrsstaus auslöste. Deshalb wurden die Straßen tagsüber für Lieferungen gesperrt und diese durften nur noch nachts erfolgen.

In Rom konnte man so gut wie alles kaufen, von Getreide aus Britannien bis hin zu feinem ägyptischem Glas. Auch Sklaven wurden verkauft.

Die Wohnungen über den Läden waren vermietet.

Garküchen verkauften Imbisse über die Straße oder boten auch Essplätze.

Vornehme Leute schickten meist ihre Sklaven und Diener zum Einkaufen.

Plebejische Familien mussten ihre Einkäufe selbst tragen.

Wein wurde in Krügen – *amphorae* genannt – verkauft.

24

Die Sklaven
wurden versteigert.

Waffen, Werkzeug und sogar
Möbel kaufte man bei Schmieden.

Die meisten Speisen
wurden im hinteren Teil
der Garküche gekocht
oder zubereitet.

Schreiner-
werkstatt

Viele damals ver-
wendete Schreiner-
werkzeuge unter-
scheiden sich kaum
von den heutigen.

ANTIKER ALLTAG

Die Römer bezahlten mit Münzen.
Sie hatten diese Idee von den
Griechen um 290 v. Chr.
übernommen. Die
Münze rechts wurde
zur Erinnerung an
den Sieg von Kaiser
Claudius über die Briten
im Jahre 43 n. Chr. geprägt.

Dieses Relief stellt ein Stoffgeschäft dar, in dem
Kissen verkauft wurden. Kissen sorgten für mehr
Gemütlichkeit und wurden auch in die Theater
mitgenommen, deren Sitzbänke aus Holz und
Stein waren.

GÖTTER UND GÖTTINNEN

Dreizack

Neptun (Poseidon),
Meeresgott

Nach Jahrhunderten der Christenverfolgung wurde das Christentum Ende des 4. Jh. zur römischen Staatsreligion. Während des längsten Teils seiner Geschichte jedoch hatte Rom seine eigenen Götter und Göttinnen gehabt. Viele von ihnen waren zuerst unter anderen Namen in Griechenland verehrt worden.

Der griechische Held Herakles z. B. – der nach seinem Tod zu einem Gott wurde – wurde zum römischen Helden Hercules. Der griechische Göttervater Zeus wurde zum römischen Göttervater Jupiter.

Einige Göttinnen und Götter aus anderen Kulturen behielten ihre ursprünglichen Namen und Eigenschaften. Nachdem Königin Kleopatra VII. von Ägypten 45 v. Chr. einige Zeit in Rom verbracht hatte, entstand in Rom der Kult der ägyptischen Göttin Isis. Andere Religionen dagegen wurden nicht geduldet, u. a. das Judentum.

Minerva (Athena),
Göttin der Weisheit,
des Handwerks und
des Krieges

Geflügelte
Sandalen

Merkur (Hermes),
Götterbote,
Gott des Handels und der Diebe

Blitz

Jupiter (Zeus),
oberster Gott,
Gott von Blitz und Donner

Juno (Hera),
Gattin des Jupiter,
Beschützerin
der Frauen und
Gebärenden

Vulcanus (Hephaistos),
Gott des Feuers, der Schmiede
und der Handwerker

Diana (Artemis),
Göttin der Fruchtbarkeit
und der Jagd

Mars (Ares),
Kriegsgott

Pluto (Hades),
Gott der
Unterwelt

Venus (Aphrodite),
Göttin der Liebe
und der Schönheit

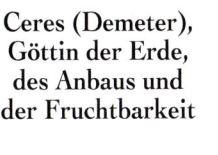

Ceres (Demeter),
Göttin der Erde,
des Anbaus und
der Fruchtbarkeit

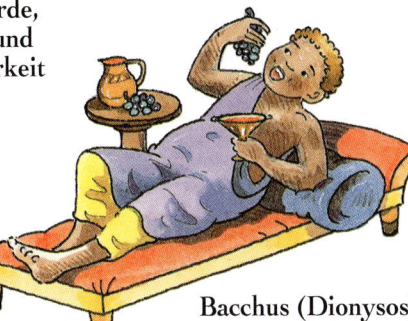

Bacchus (Dionysos),
Gott des Weins

Apollo (Apollon),
Gott der Musik,
der Heilkunst und
der Weissagung

Amor oder Cupido (Eros),
dessen Pfeile sofortige
Verliebtheit bewirkten,
galt als geringerer Gott.

MUTTER ERDE

Nach der römischen Mythologie war Ceres die Göttin der Erde. Die Waldnymphen, die Naturgeister waren, weihten ihr einen heiligen Hain.

Eines Tages machte sich ein Mann namens Erysichthon trotz der Schreckensschreie der Nymphen daran, einen der heiligen Bäume zu fällen. Jedes Mal, wenn die Axt den Stamm traf, schoss Blut heraus. Trotzdem schlug Erysichthon weiter auf ihn ein.

Die Göttin Ceres bestrafte ihn mit einem Hunger, der unstillbar war, soviel er auch aß. Er verkaufte seine Tochter mehrmals als Sklavin, um sich Nahrung beschaffen zu können. Das Mädchen konnte nämlich seine Gestalt verändern und floh auf diese Weise immer wieder bald nach dem Verkauf aus dem Haus ihres neuen Herrn.

Schließlich wurde Erysichthon verrückt und aß sich selbst. Ceres empfand das als Genugtuung und war nun zufrieden.

DIE TEMPEL

Die Römer opferten Unmengen von Tieren, um ihren Göttern zu gefallen. Diese Opfer fanden eher vor den Tempeln als darin statt, ebenso wie alle öffentlichen Feste und Feierlichkeiten. Die Menschen gingen nur zum Beten in den Tempel oder um den Göttern kostbare Gegenstände darzubringen.

Tempel waren die reinsten Schatzkammern. Neben Kriegsbeute wurden hier auch Geschenke der Gläubigen aufbewahrt, mit denen sie den Göttern für erhörte Gebete dankten. Manche Leute vertrauten den Priesterinnen und Priestern auch ihre Wertsachen an, damit sie im Tempel sicher waren.

Die einzelnen Tempel waren verschiedenen Göttern und Göttinnen geweiht, aber alle in etwa ähnlich gebaut. Nach griechischem Vorbild hatten sie – zumindest an der Frontseite – Säulen. Die Säulenreihe der Fassade trug oft ein mit Reliefs verziertes Giebelfeld.

Die Säulenreihen, die ein Gebäude umgeben, nennt man *Peristyl*.

Schafe, Schweine, Ziegen und Tauben gehörten zu den am häufigsten geopferten Tieren.

Ochse

28

Die Säulen trugen dreieckige Giebelfelder.

Korinthische Säulen

Innen war eine Götterstatue aufgestellt.

Priester und Priesterinnen hüteten die Schätze.

Priester führten die Opferungen durch.

Die Opfer wurden verbrannt.

Die Tiere wurden vor den Tempeln auf Altären geopfert.

Der oberste Priester trug den Titel *Pontifex Maximus*. Später übernahm der Kaiser dieses Amt.

ANTIKER ALLTAG

Dieser Marmorkopf wurde 1954 in den Überresten eines Tempels gefunden. Er stellt den Gott Mithras dar. Dieser ursprünglich persische Gott wurde später von römischen Legionären und Kaufleuten verehrt. Sein Kult, der ausschließlich Männern vorbehalten war, breitete sich rasch über das gesamte Reich aus.

Dieser ehemals römische Tempel in Nîmes (Frankreich) wird heute als Ausstellungshalle genutzt. Er diente bereits allen möglichen Zwecken, war mal Stall und mal Museum, aber man sieht ihm die ursprüngliche Bestimmung immer noch deutlich an. Er wurde in der Regierungszeit des Augustus errichtet.

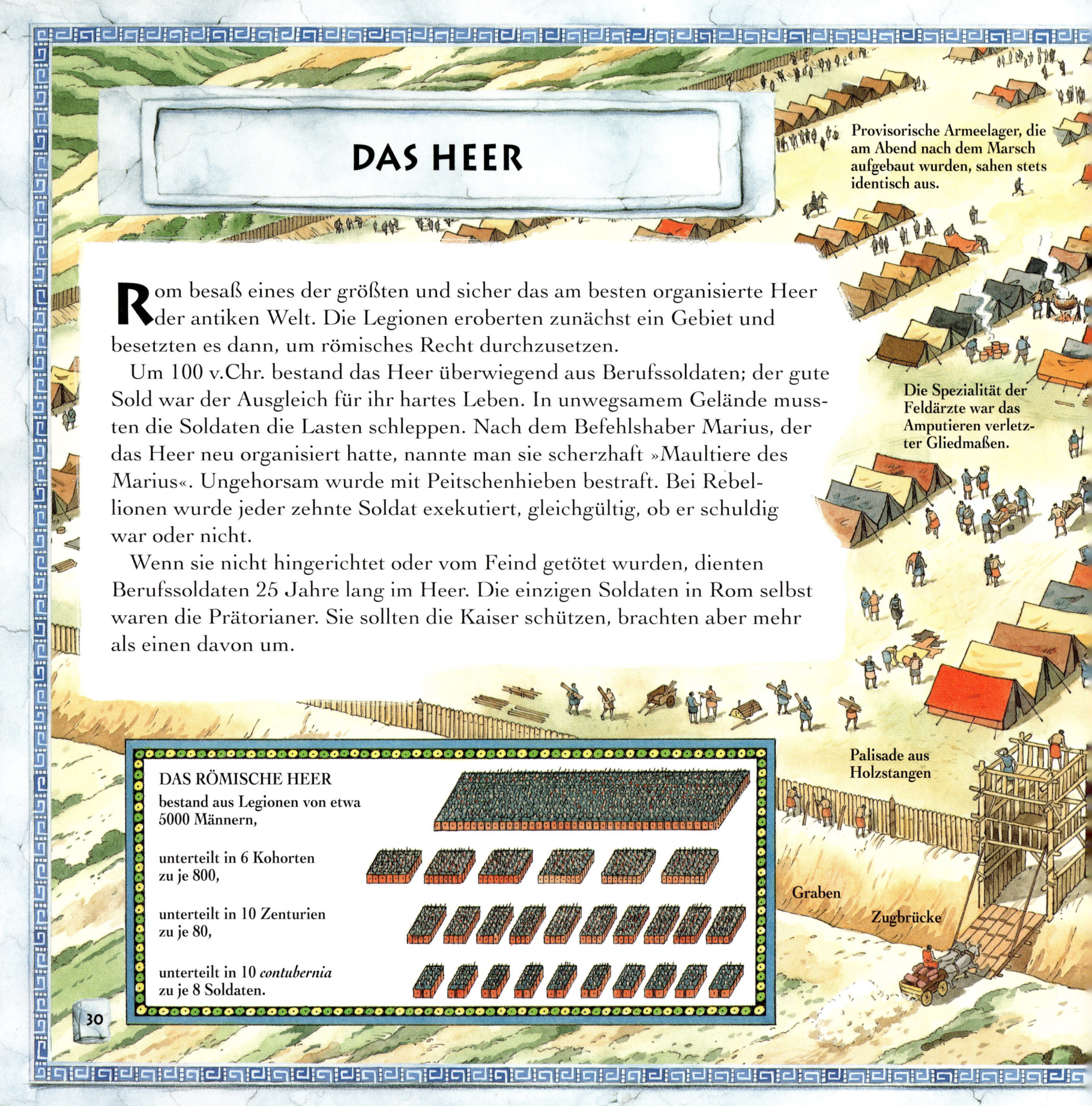

DAS HEER

Provisorische Armeelager, die am Abend nach dem Marsch aufgebaut wurden, sahen stets identisch aus.

Rom besaß eines der größten und sicher das am besten organisierte Heer der antiken Welt. Die Legionen eroberten zunächst ein Gebiet und besetzten es dann, um römisches Recht durchzusetzen.

Um 100 v.Chr. bestand das Heer überwiegend aus Berufssoldaten; der gute Sold war der Ausgleich für ihr hartes Leben. In unwegsamem Gelände muss-ten die Soldaten die Lasten schleppen. Nach dem Befehlshaber Marius, der das Heer neu organisiert hatte, nannte man sie scherzhaft »Maultiere des Marius«. Ungehorsam wurde mit Peitschenhieben bestraft. Bei Rebel-lionen wurde jeder zehnte Soldat exekutiert, gleichgültig, ob er schuldig war oder nicht.

Wenn sie nicht hingerichtet oder vom Feind getötet wurden, dienten Berufssoldaten 25 Jahre lang im Heer. Die einzigen Soldaten in Rom selbst waren die Prätorianer. Sie sollten die Kaiser schützen, brachten aber mehr als einen davon um.

Die Spezialität der Feldärzte war das Amputieren verletz-ter Gliedmaßen.

Palisade aus Holzstangen

Graben

Zugbrücke

DAS RÖMISCHE HEER
bestand aus Legionen von etwa 5000 Männern,

unterteilt in 6 Kohorten zu je 800,

unterteilt in 10 Zenturien zu je 80,

unterteilt in 10 *contubernia* zu je 8 Soldaten.

30

Diese Aufstellung mit erhobenen Schilden nannte man »Schildkröte«.

Ausbildung von Soldaten

Das Zelt des Generals stand in der Mitte.

Je ein Zenturion befehligte eine Zenturie.

Jeder Offiziersrang hatte seine Uniform.

Pläne

Jedes Lager wurde auf die gleiche Weise aufgeschlagen, sodass jeder wusste, was wohin kam.

Ein Graben wurde ausgehoben. Den Aushub schichtete man zum Wall auf.

ANTIKER ALLTAG

Dieses Schwert mit Scheide wurde in London ausgegraben, das einst die römische Stadt Londinium war. Ein Teil Britanniens wurde 55 v. Chr. zum ersten Mal von den Römern erobert. Das Relief auf der Scheide stellt die Wölfin dar, die Romulus und Remus säugte.

Auf diesem Relief des Titusbogens sind römische Soldaten zu sehen, die nach der Eroberung und Plünderung Jerusalems (70 n. Chr.) Tempelschätze davontragen. Die Juden wurden verfolgt, weil sie sich weigerten, den römischen Kaiser als Gott zu verehren. Es kam zu zahlreichen jüdischen Aufständen gegen die Römer.

SPEISEN UND GETRÄNKE

Im alten Rom hing die Wahl der Speisen stark vom Einkommen ab. Einfache Leute lebten überwiegend von Brot und Getreidebrei, während die Reichen so ziemlich alles aßen, angefangen von ganzen Schwänen bis hin zu Wildschweinköpfen. Überall im Reich erzeugten Landgüter Nahrungsmittel für Rom und so war die Auswahl groß. Das beliebteste Fleisch stammte vom Schwein, gesüßt wurde mit Honig, und Hühner, Enten und Gänse lieferten außer dem Fleisch auch Eier. Wein und Schafsmilch waren beliebte Getränke.

Die wohlhabenden Römer feierten gerne und der römische Kalender beinhaltete viele Festtage. Muscheln, Eier und Salate aß man gerne als Vorspeisen. Der Hauptgang umfasste ungefähr sieben Gerichte. Als Dessert wurden häufig Früchte und süßes Backwerk gereicht.

In der Kaiserzeit lagen die Gäste auf Liegen an drei Seiten der Tafel. Die vierte Seite ließ man frei, damit die Sklaven von hier aus servieren konnten.

Trauben werden gestampft.

Lampe

Der Platz an der Tafel zeigte den Rang des Gasts an.

Keilerkopf

Leier

Zimbeln

tibiae – eine Doppelflöte

Bei Festen hörte man gerne Musik.

Schwan

Wandgemälde zeigten oft ländliche Szenen.

Nur in den Häusern der Reichen gab es Küchen.

Gekocht wurde in Töpfen auf Holzkohleöfen.

Ferkel am Spieß

Man aß mit den Fingern.

Zu den Gerichten gab es Soßen.

Fisch

Gemüse

Fleisch

Gewärmter Wein

Auf manche Weine wurden Rosenblätter gestreut.

ANTIKER ALLTAG

Die meisten Werkzeuge, die die Bauern benutzten, sehen unseren Gartenwerkzeugen ähnlich. Natürlich vermoderten die alten Holzgriffe und nur die Metallteile blieben erhalten.

Dieser große silberne Vorlegeteller gibt einen Eindruck von dem Luxus, mit dem sich wohlhabende römische Familien im 4. Jh. n. Chr. umgaben. Er ist einer der 34 »Schätze«, die in Mildenhall in Suffolk gefunden wurden. Im Zentrum ist der Meeresgott Oceanus dargestellt.

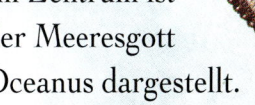

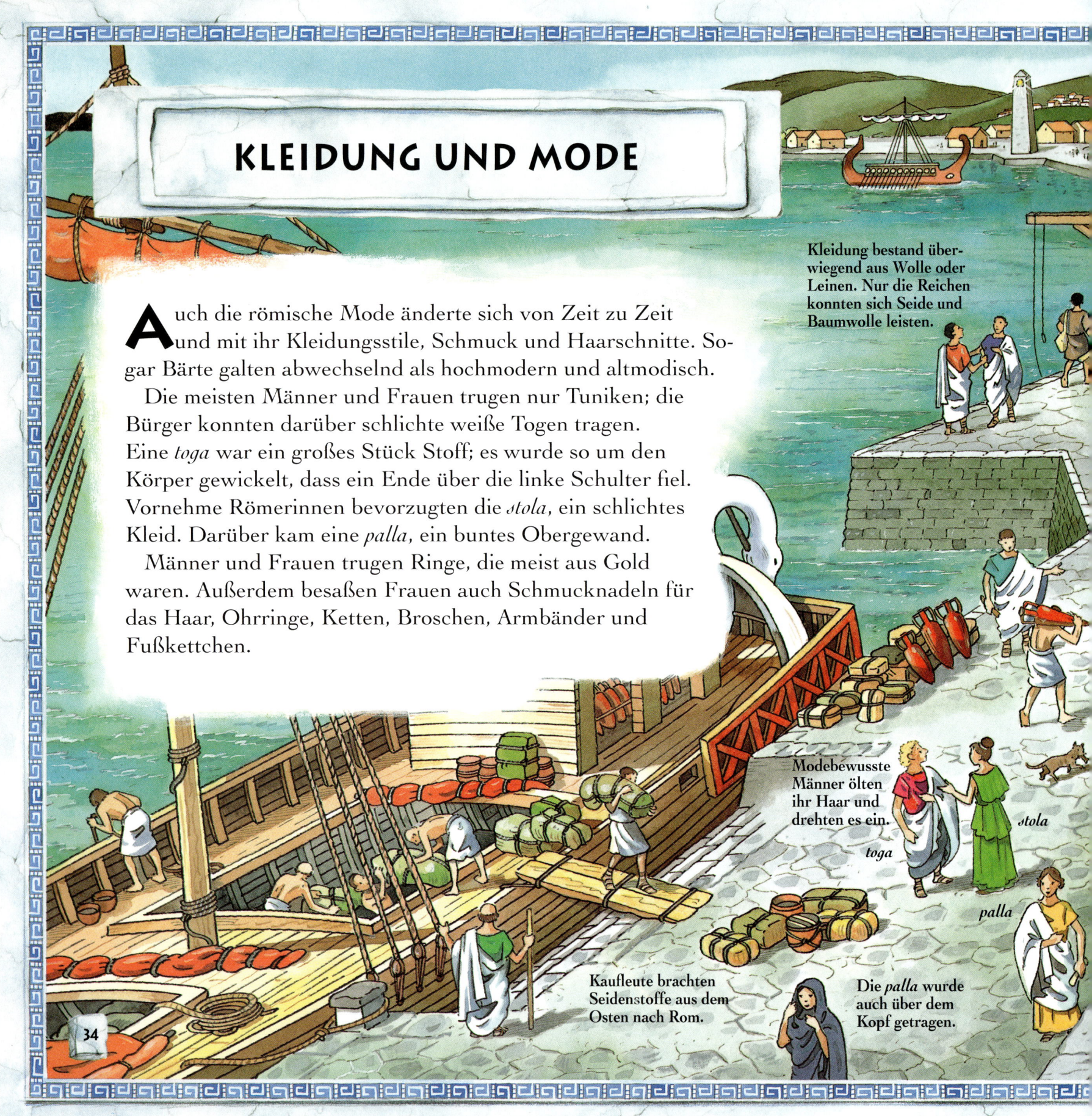

KLEIDUNG UND MODE

Auch die römische Mode änderte sich von Zeit zu Zeit und mit ihr Kleidungsstile, Schmuck und Haarschnitte. Sogar Bärte galten abwechselnd als hochmodern und altmodisch.

Die meisten Männer und Frauen trugen nur Tuniken; die Bürger konnten darüber schlichte weiße Togen tragen. Eine *toga* war ein großes Stück Stoff; es wurde so um den Körper gewickelt, dass ein Ende über die linke Schulter fiel. Vornehme Römerinnen bevorzugten die *stola*, ein schlichtes Kleid. Darüber kam eine *palla*, ein buntes Obergewand.

Männer und Frauen trugen Ringe, die meist aus Gold waren. Außerdem besaßen Frauen auch Schmucknadeln für das Haar, Ohrringe, Ketten, Broschen, Armbänder und Fußkettchen.

Kleidung bestand überwiegend aus Wolle oder Leinen. Nur die Reichen konnten sich Seide und Baumwolle leisten.

Modebewusste Männer ölten ihr Haar und drehten es ein.

toga

stola

palla

Kaufleute brachten Seidenstoffe aus dem Osten nach Rom.

Die *palla* wurde auch über dem Kopf getragen.

34

In den Barbierläden tauschte man Neuigkeiten aus.

Die Kunden wurden ohne Seife oder Öl rasiert.

tunica

Manche Frauen trugen Perücken aus Sklavenhaar.

Die Frauen färbten ihre Lippen mit rotem Pflanzensaft.

Ohrringe

Kameenbrosche

Blasse Haut galt als schön; deshalb puderten sich die Damen Gesicht, Hals und Arme mit Kalkstaub.

ANTIKER ALLTAG

An römischen Statuen aus verschiedenen Epochen kann man die Veränderungen in der römischen Mode ablesen. Für eine kunstvolle Frisur wie diese wurden die Haare mit einer erhitzten Brennschere, einem *calamistrum*, in Form gebracht.

Im Rom der Kaiserzeit wurden sehr gerne Schlangenarmbänder wie dieses getragen; man glaubte, sie würden Glück bringen. Dieses besonders schön gearbeitete Stück ist aus Gold gefertigt.

KINDERLEBEN

Manche Jungen gingen mit elf Jahren zu einem *grammaticus*, einem Gelehrten.

Bei der Geburt eines Kindes führte eine römische Familie bestimmte Riten durch. Zuerst wurde das Baby gewaschen und dem Vater zu Füßen gelegt. Indem der Vater es aufhob, erkannte er es offiziell als Familiemitglied an. Neun Tage nach der Geburt erhielt das Kind seinen Namen und bekam – wenn es ein Junge war – einen Glücksbringer geschenkt, eine *bulla*. Viele Frauen starben bei der Geburt und auch die Kindersterblichkeit war sehr hoch.

Im Allgemeinen trugen die Kinder Tuniken, aber Söhne vornehmer Familien erhielten eine Art Jugendtoga, die *toga praetexta*. Mit vierzehn Jahren rasierte sich ein Junge zum ersten Mal, legte die *bulla* ab und bekam seine erste richtige Toga. Dann wurde er auf dem Forum zum Bürger erklärt.

Die Jungen wurden in der Schule unterrichtet, die Mädchen zu Hause.

Zu den Fächern gehörten Philosophie, Astronomie, Geschichte und Geometrie.

Eine Art Damespiels wurde besonders gern gespielt.

Nummerierte Knöchelchen dienten als Würfel.

Holzpuppe

Jungen aus reichen Familien besuchten mit sechs bis elf Jahren den *ludus* (Schule).

Die Lehrer waren häufig griechische Sklaven.

Die römischen Zahlen von 1 bis 10

Wachstafel

13- bis 14-jährige Jungen konnten das Sprechen vor Publikum bei einem Fachlehrer erlernen, der *rhetor* genannt wurde.

Mädchen lernten lesen, schreiben und Haushaltsführung.

Mädchen befassten sich mit Musik.

Reiche Mädchen erhielten zu Hause Unterricht.

ANTIKER ALLTAG

Diese *bulla* ist aus Gold und hing an einer Schnur um den Hals eines Kindes. Ursprünglich war die *bulla* ein Ledertäschchen, dass einen Glückbringer enthielt. Mit der Zeit wurden die *bullae* immer schöner und kostbarer. Sie wurden nur von frei geborenen Jungen getragen, solchen also, deren Väter Bürger waren.

Kinder lernten griechisch und lateinisch schreiben und lesen. Viele deutsche Wörter haben einen lateinischen Ursprung. Unser Wort Literatur z. B. ist vom lateinischen Wort *littera*, Buchstabe, abgeleitet. Die Buchstaben auf dieser Wachstafel wurden mit einem spitzen Griffel eingeritzt, dem *stilus*.

POMPEJI –
AUS DER ASCHE GEBORGEN

Dank der Arbeit der Archäologen ist ein Spaziergang durch die Straßen von Pompeji wie eine Reise in die Vergangenheit.

Dieses Mosaik aus Pompeji weist auf eine Gefahr hin, die wir auch heute noch kennen: »Warnung vor dem Hunde!«

Am 24. August 79 n. Chr. brach der Vulkan Vesuv aus; Tausende Tonnen Lava ergossen sich über den römischen Hafen Herculaneum. Heftige Winde kamen auf und bliesen Asche und Vulkangestein ins Landesinnere auf die Stadt Pompeji zu.

Am 26. August war ganz Pompeji unter einer sieben Meter hohen Schicht von Asche und Steinen begraben. Mindestens 2000 Menschen kamen um. Die anderen waren für immer aus ihrer Stadt geflohen.

Mit der Zeit wuchsen auf der Asche Pflanzen und Bäume und Pompeji wurde vergessen. Über Hunderte von Jahren hinweg pflügten die Bauern den Boden, unter dem die Stadt lag.

EIN AUGENZEUGENBERICHT

Plinius der Jüngere, zum Zeitpunkt des Ausbruchs 17 Jahre alt, befand sich in Misenum (auf der gegenüberliegenden Seite des Golfs von Neapel), als der Vesuv ausbrach. Er schrieb später, dass viele Leute glaubten, über die Welt sei »die letzte, die ewige Nacht hereingebrochen« und dass es »keine Götter mehr« gebe. Es war dunkel, aber nicht so wie in einer mondlosen Nacht, sondern wie in einem »geschlossenen, lichtlosen Raum«. »Man hörte das Heulen der Frauen, das Gewimmer der Kinder, die Schreie der Männer.«

UNERKANNTER SCHATZ

Der Graf Muzzio Tuttavilla ließ 1593 für seine Villa in Torre Annunziata Springbrunnen anlegen. Er ordnete den Bau einer unterirdischen Leitung an, durch die das erforderliche Wasser fließen sollte, und so gruben sich seine Arbeiter bis nach Pompeji durch. Tuttavilla glaubte, er hätte nur eine alte römische Villa entdeckt, und gab den Fund nicht bekannt.

MEHR SCHADEN ALS NUTZEN

Der Hafen Herculaneum wurde vor Pompeji entdeckt, obwohl er unter einer 24 m dicken Gesteinsschicht – der an der Luft erhärteten Lava – lag. Ein Ingenieur namens Rocco de Alcubierre wurde 1738 mit der Freilegung beauftragt. Unglücklicherweise setzte er dazu Spitzhacken und Schießpulver ein. In der Hoffnung, Schätze zu finden, grub er einen Stollen nach dem anderen und beschädigte mehr, als er tatsächlich fand.

ENTDECKUNGEN

Nach der Entdeckung von Herculaneum wuchs das Interesse an Pompeji. Wieder wurde Alcubierre engagiert. Im März 1748 machte man einige Aufsehen erregende Funde. Leider war Alcubierre nach wie vor nur an Schätzen interessiert und verschuldete einen Schaden nach dem anderen. Später führte Karl Weber, ein Schweizer Architekt, sorgfältig geplante Ausgrabungen durch. Der Spanier Francesco La Vega setzte seine Arbeit fort.

MOMENTAUFNAHME

Giuseppe Fiorelli wurde 1860 zum Direktor der Ausgrabungen ernannt. Ihm haben wir das Pompeji zu verdanken, das wir heute kennen: eine Momentaufnahme des Alltagslebens in einer römischen Stadt des Jahres 79 n. Chr. Die zahlreichen anderen Archäologen, die nach Fiorelli hier arbeiteten, blieben seinen Methoden treu.

GESPENSTER NEHMEN GESTALT AN

Die heiße Vulkanasche, die vor knapp 2000 Jahren auf Pompeji niederregnete, tötete Menschen und Tiere. Ihre Körper verglühten, aber die Umrisse blieben in der verfestigten Asche erhalten. Fiorelli hatte die Idee, die Höhlungen mit Gips auszugießen. Der Gips nahm die Form des in der Asche begrabenen Körpers an.

Dieser Gipsabguss eines erstickenden Menschen bringt uns die letzten Augenblicke von Pompeji sehr nahe. Es ist nicht schwer, sich vorzustellen, wie es war, als es heiße Asche auf die Stadt regnete.

Nicht nur die Erinnerung an menschliche Körper wurde erhalten. Dies ist der Gipsabguss, der von dem Körper eines Hunds hinterlassen wurde; er hatte den Hof seines Herrn bewacht.

ANTIKER ALLTAG

Diese Statue, heute bekannt als der »Sitzende Gladiator« oder der »Boxer« wurde 1885 in Rom entdeckt. Er wirkt so lebendig, dass der Archäologe, der ihn ausgrub,

meinte, er sähe aus wie ein Mann, »der aus einem tausendjährigen Schlaf erwacht«.

Römische Straßen, wie diese auf dem Foto, waren nicht nur sehr gerade, sondern auch im Profil leicht gewölbt. Sie waren des-

halb in der Mitte höher als an den Seiten, damit das Regenwasser abfloss, anstatt sich in Pfützen zu stauen.

DIE VERGANGENHEIT ENTDECKEN

Archäologen beschäftigen sich mit der Vergangenheit, indem sie Dinge untersuchen, die von früheren Kulturen zurückblieben. Häufig müssen sie sie zuerst einmal ausgraben. Archäologen sind richtige Detektive im alten Rom: Aus den Überresten von Gegenständen und Gebäuden erschließen sie, wie Männer, Frauen und Kinder vor uns gelebt haben. Da sich das Römische Reich über weite Teile Europas und Nordafrikas ausgebreitet hatte, kann man heute in vielen Ländern Zeugnisse römischer Kultur finden.

RÖMISCHE STRASSEN

Die römischen Armeen sorgten dafür, dass Rom über die Gebiete herrschen konnte, die es erobert hatte. Die Legionen mussten sich zwischen den einzelnen Gebieten rasch bewegen können; dies war der Hauptgrund für den Bau von Straßen. Die römischen Straßen sind dafür berühmt, dass sie sehr gerade geführt wurden. Etliche moderne europäische Straßen folgen heute noch ihrem Verlauf.

ZERSTÖRUNG UND WIEDERAUFBAU

In Rom kann man auch jetzt noch zahlreiche wichtige Kunstwerke und Ruinen besichtigen, obwohl Unmengen davon weggebracht wurden. Als Napoleons Truppen die Stadt Ende des 18. Jh. besetzt hatten, wurden viele Schätze nach Frankreich verfrachtet. Gleichzeitig aber ordnete Napoleon in Rom weitere Ausgrabungen an und ließ alte Bauwerke restaurieren.

DENKMALSCHUTZ

Von den französischen Machthabern wurden Gesetze zum Schutz der römischen Baudenkmäler erlassen. Im Jahre 1870 wurde Rom die Hauptstadt des damals noch jungen Staates Italien. Hunderte neuer Gebäude entstanden, häufig auf Kosten der alten. Aber zum Glück gab es immer Menschen, die sich darum bemühten, die wertvollen Erinnerungen an die Vergangenheit zu erhalten.

EIN MODERNER DIKTATOR

Die Kaiser des alten Rom waren Diktatoren. Das bedeutete, dass sie uneingeschränkt über ihr Reich herrschen und tun und lassen konnten, was sie wollten. Zwischen 1925 und 1945 herrschte über Italien – und damit auch über Rom – ein neuer Diktator namens Mussolini. Er wollte Rom im Glanz der antiken Vergangenheit erstrahlen lassen. Deshalb ordnete er den Abriss zahlreicher moderner Gebäude an; Archäologen sollten auf diese Weise die Möglichkeit erhalten, nach weiteren alten Bauwerken zu graben. Ebenso wie viele seiner antiken Vorgänger wurde auch Mussolini später wegen seiner Grausamkeit von seinen eigenen Landsleuten umgebracht.

UMWELTVERSCHMUTZUNG

Autoabgase stellen für das Erbe der Vergangenheit eine ernste Bedrohung dar. Im Zentrum von Rom gibt es leider nicht nur eine große Zahl außergewöhnlicher Baudenkmäler, sondern auch Millionen von Kraftfahrzeugen. Abgase greifen den Stein an und zersetzen ihn mit der Zeit. Archäologen beraten Staat und Stiftungen in Sachen Denkmalschutz.

ANTIKER ALLTAG

Im Jahre 113 n. Chr. wurde zur Erinnerung an die Siege des Kaisers Trajan eine 30 Meter hohe Säule errichtet, die heute noch in Rom steht. Sie ist von oben bis unten mit Reliefs bedeckt. Archäologen und Historiker verdanken diesen Darstellungen wichtige Informationen über das Leben der römischen Soldaten.

Was hier auf dem Foto wie eine Straßen- oder Eisenbahnbrücke aussieht, ist ein altes römisches Aquädukt. Es versorgte die Bevölkerung von Nîmes (im heutigen Frankreich) mit Trinkwasser aus einem über 40 km entfernten Speicher.

ZEITSÄULE

Nero, der nach der Überlieferung Rom niederbrannte

Mithras, einer der vielen Götter, die von Römern verehrt wurden

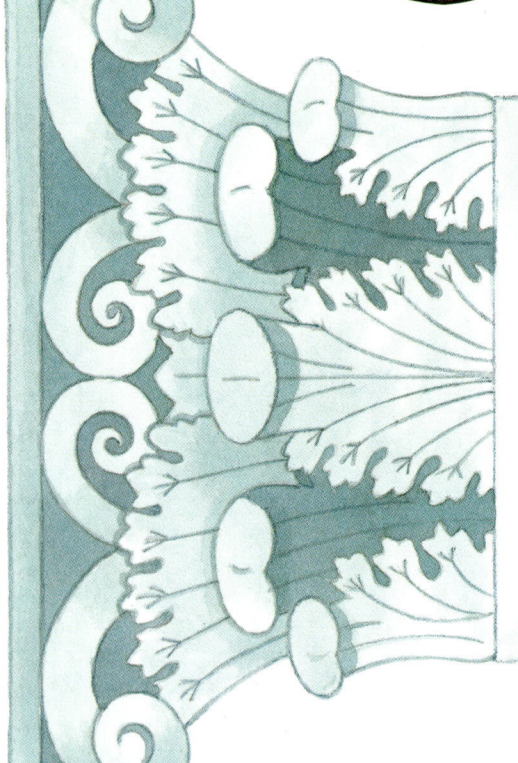

V. CHR.
VOR CHRISTUS

753 V. CHR.
DER LEGENDE ZUFOLGE GRÜNDUNG VON ROM

509 V. CHR.
ROM WIRD REPUBLIK

49 V. CHR.
JULIUS CÄSAR HERRSCHT ÜBER ROM

44 V. CHR.
CÄSAR VON VERSCHWÖRERN UNTER FÜHRUNG VON BRUTUS ERMORDET

30 V. CHR.
KLEOPATRA UND MARCUS ANTONIUS VON OKTAVIAN GESCHLAGEN

27 V. CHR.
OKTAVIAN WIRD ZU AUGUSTUS, DEM ERSTEN KAISER VON ROM, ENDE DER REPUBLIK

Eine *bulla* war ein Glücksbringer für Jungen.

Römische Legionen
eroberten einen großen
Teil der antiken Welt.

N. CHR.
NACH CHRISTUS

43–84 N. CHR.
EROBERUNG BRITANNIENS
(BRITANNIA)

79 N. CHR.
AUSBRUCH DES VESUVS
ZERSTÖRT POMPEJI UND
HERCULANEUM

98–117 N. CHR.
HÖHEPUNKT DES RÖMISCHEN
REICHS UNTER TRAJAN

324–337 N. CHR.
REGIERUNGSZEIT VON
KONSTANTIN, DEM ERSTEN
CHRISTLICHEN KAISER

395 N. CHR.
TEILUNG DES REICHS IN OST-
UND WESTROM

476 N. CHR.
UNTERGANG WESTROMS

1453 N. CHR.
UNTERGANG OSTROMS (BYZANZ)
ENDE DES RÖMISCHEN REICHS

In vielen Ländern findet
man heute noch Zeugnisse
römischer Vergangenheit.

Wohlhabende Römer
trugen kunstvoll ge-
arbeiteten Goldschmuck.

43

GLOSSAR

Amphitheater – Arena für Gladiatoren- und Tierkämpfe.

Bürger – Männer, die in Rom geboren waren. Sie durften wählen und in die Armee eintreten. Ab 212 n. Chr. konnten alle männlichen Bewohner des Reichs Bürger werden – außer den Sklaven.

Cäsar – Titel des Kaisers, vom Namen Julius Cäsars abgeleitet. Jeder Kaiser bestimmte, wer nach ihm Cäsar sein sollte. Allerdings wurde der Nachfolger manchmal durch Krieg oder Mord daran gehindert, sein Erbe anzutreten.

Diktator – Ein vom Senat während eines Notstands zum Alleinherrscher ernannter Staatsbeamter. Zunächst durften Diktatoren nur sechs Monate lang herrschen. Später bezeichnete der Begriff jeden, der allein und nach eigenem Gutdünken über ein Land herrscht.

Forum – Ein öffentlicher Platz im Zentrum einer römischen Stadt.

Gallier – Die Bevölkerung von Gallien (heutiges Frankreich).

Karthago – In der Antike eine Stadt an der nordafrikanischen Küste, von den Phöniziern gegründet. Feldherrn (u. a. Hannibal) und Soldaten aus Karthago kämpften in den Punischen Kriegen gegen die Römer.

Konsuln – Die wichtigsten Männer im Senat. Sie kümmerten sich um die Geschäfte des Senats und um das Heer.

Latein – Die Sprache des alten Rom. In vielen modernen Sprachen – u. a. Französisch, Spanisch, Englisch und Deutsch – gibt es aus dem Lateinischen abgeleitete Wörter.

Latiner – Volk aus Mitteleuropa, das sich etwa um 2000 v. Chr. auf der italienischen Halbinsel ansiedelte und aus dem die Römer hervorgingen.

ludi – Öffentliche Spiele, Sportveranstaltungen und Theateraufführungen, die anlässlich religiöser Feiertage oder wichtiger Siege stattfanden.

Mosaik – Bild oder Muster aus kleinen bunten Steinen oder Ziegelstücken.

Opfer – Tiere, die für Götter und Göttinnen getötet und ihnen dargebracht wurden.

Prätorianer – Leibwache des Kaisers und die einzigen Soldaten, die in Rom stationiert waren. Die Garde war etwa 9000 Mann stark.

Punische Kriege – Vom lateinischen Wort *punicus* abgeleitet, das Phönizier bedeutet. Römer und Karthager kämpften zwischen 264 und 146 v. Chr. in drei Einzelkriegen gegeneinander.

Republik – Ein von gewählten Volksvertretern regierter Staat. Rom wurde im 6. Jh. v. Chr. Republik. Mit Oktavians Ernennung zum Kaiser Augustus im Jahre 27 v. Chr. wurde Rom zu einem Kaiserreich.

Römisches Reich – Rom und alle eroberten Gebiete, die vom römischen Kaiser mitregiert wurden.

Senat – Das römische Parlament, d. h. der Rat der Senatoren. Den Höhepunkt seiner Macht erlebte der Senat in der Republik.

Sklaven – Menschen, die Eigentum anderer Menschen oder des Staats waren. In späterer Zeit konnten sich Sklaven unter Umständen freikaufen.

Toga – Obergewand des römischen Bürgers. Die Toga war ein großes halbkreisförmiges Stoffstück und wurde über der Tunika getragen.

REGISTER